日韓和解をめざして

金定三

新幹社

目次

この小冊子を発刊するにあたって

はじめに

　今から 20 数年前に、日韓両国の政治・歴史部門の学者たちによる歴史「共同研究」がなされていた。結果は失敗であった。このことは、2010 年 3 月に新聞報道されている。

　そもそも近現代における両国関係は、征服や支配と被征服や被支配の敵対的なものであった。この敵対関係が生みだした国民感情を友好善隣へ導くための知的作業が歴史「共同研究」の目的であったはずである。

　そうだとすれば、両者は、「共同研究」に先立って、両者の見解を調整する判別原理、つまり「関係原理」について合意すべきであった。このことが欠けていた。

日韓両国の見解

　当研究所では 2009 年のはじめより 2010 年にかけて、大阪教育会館において、日韓両方から出された双方の論文を「国家主権の平等」の視点から詳細に分析検討してきた。

　韓国からは、日本の植民地時代における残虐性や搾取、強制的奴隷政策と皇民化政策による文化的民族抹殺政策に対する法的謝罪と公的償いを求められた。

　日本側からは韓半島に対する植民地政策の国際法的正当性が主張

された。

　日本側の法的根拠は、国連憲章前文に明記されている現代国際法の法的源泉である「慣習法」を盾にとっている。「慣習法」は近代列強の武力侵略を正当化している。というのは「共同研究」における日本側の主張は、「日韓新旧両条約」の枠組みから、法的にも道義的にも、一歩もでるものではなかったのである。「慣習法」という言葉はカイロ宣言にはなかった文言である。

現代の時代精神の欠如

　19世紀から20世紀の前半までの東アジアは膨張主義と戦争の時代であった。20世紀後半は覇権と革命の時代であった。21世紀は覇権やグローバリズムが崩壊する時代であるばかりでなく、人類の母なる地球の自然環境が温暖化の中に突入しており、人びとは「コロナ」禍の中にとじ込められている。これらは産業革命以来の欧米の技術文明がもたらした負の遺産である。

　当研究所は今から30年前の1990年に大阪にて、「第1次東北アジア問題学術会議」を開催し、このことについて警鐘をならしている（『自然環境』晩聲社、1993年）。

　現代は地球が破壊され、人類の保全が危ぶまれる時代である。日韓の「歴史共同」に参加した学者たちには、このような時代精神が欠けていた。

結びに

　この小冊子は、ここ 10 年の間、当研究所が取り組んできた研究と前後してなされた私の小論をまとめたものである。ここには当研究所のスタンスが反映されている。

　今年の 8 月 31 日にはアメリカ軍が、アフガンからその同盟軍と共に撤退している。しかし国際秩序は依然として核兵器を所有する列強によって支配されている。

　来年から当研究所では、日韓間の精神的和解をめざして、和解の「憲章的枠組み」について研究を行う予定である。おそらくバンドン「平和五原則」も取り上げるであろう。

　この小冊子が、日韓間の精神（思想）的和解を達成し、アジアの復権を目指す学者だけでなく、有志の皆様の研究と思索に資することができれば幸いである。

2021 年 10 月 1 日
東北アジア問題研究所を代表して
金　定　三

東　京　新　聞

旧日本軍の朝鮮

↑20年かけて朝鮮人軍人・軍属の名簿を整理、入力した菊池英昭さん＝東京都立川市で
↓発刊された「旧日本軍朝鮮半島出身軍人・軍属死者名簿」

立川の男性　20年かけ

強制連行　歴史伝える

手し「犠牲者の供養に」と、所属部隊別に名寄せしたうえ、生年月日、所属部隊、死亡理由、本籍地など十四項目をパソコンにこつこつ打ち込んだ。仕事の合間時間を使ったという。

九三年ごろに着手したが、ガリ版刷りで整理されておらず、誤記も少なくない。旧日本軍に関する別の資料を参照しながら、昨年暮れにようやく完成した。

名前は、創氏改名政策によって日本名。死亡地点は沖縄をはじめ、南方の激戦地の名前が並ぶ。

四五年三月十日には、韓国南部慶尚北道出身者ばかり約百二

別）。問い合わせは新幹社＝電03（6256）9255＝へ。

は、敗戦直後に作られて、公表されている。

朝鮮人の場合、軍人・軍属の名簿さえ日本で見ることができず、韓国まで調査に行く人もいる。

菊池さんの執念で、彼らがいつどこに連行され、どのように死んだのか、個々人の名前と死亡者の全体像をつかむことができる。それは日本の戦後処理がいかに不十分なものだったのかをも浮き彫りにしている。多くの人に見てほしい。

内海愛子・恵泉女学園大名誉教授（日本アジア関係史）の話　強制連行された中国人の名簿

2万2000人供養したい

鮮人戦死者名簿 本に

ナ部隊別に整理

旧日本軍の軍人・軍属として召集され第二次世界大戦で亡くなった朝鮮人の名簿を約二十年かけて手作業で整理した本が九日、出版される。日本政府が韓国側に渡した約二万二千人分で、手書きの名簿から東京都立川市の元塾講師が氏名、出身地、死亡事由などを抜き出し、編集した。本になるのは初めてで、朝鮮の人たちがどう戦争に動員されたかを伝える貴重な資料となりそうだ。

（編集委員・五味洋治）

編集したのは菊池英昭さん（七〇）。本のタイトルは「旧日本軍朝鮮半島出身軍人・軍属死亡者名簿」。韓国の民間団体「韓国太平洋戦争犠牲者遺族会」が、謝罪と国家賠償を求めて、日本政府を東京地裁に訴えた訴訟に協力する中で、日本軍にいた朝鮮人の死亡者名簿があることを知った。

日本ではプライバシー保護を理由に公表されていないが、一九六五年に実現した日韓国交正常化の交渉の過程で日本から韓国政府に渡されていた。

菊池さんは、名簿を独自に入

十人が、東京にあった海軍の深川宿舎で一度に命を落としていた。東京大空襲があった日で、「戦地に送られるため、宿舎にとどめられていたのでは」と菊池さんは推測する。

この本を出版した新幹社（東京）の高二三代表は「第二次大戦では、朝鮮人も死んでいることが語られるようになってほしい」と願いを込める。

「ようやく完成してほっとしている」という菊池さんは「この本を持って、戦没地を訪ねたい」と次の目標を語った。

本は千四百ページ、三万円（税

11

旧日本軍朝鮮半島出身
軍人・軍属死者名簿

菊池英昭 編著

新幹社

韓日両民族の和解のために―「戦没者名簿」を前にして
（旧日本軍朝鮮半島出身 軍人・軍属死者名簿・跋文）

はじめに

　今回発刊された戦没者名簿は、日本帝国の韓民族に対する皇民化
教育によって、皇軍として戦場で倒れた青年たちの名簿である。

　私は戦没者名簿の発刊に際し、改めて皇国史観とは何を根拠にし
ているのか、次に、なぜ今韓日間の精神的和解が求められているの
か、最後に韓日間の和解にはどのような精神的規範が求められてい
るのかについて考えてみたい。

（一）皇国史観の本質

　戦前における皇国史観は、『古事記』と『日本書紀』を神典とし
ている。

1．両書の三つの特徴

a. 神話と歴史との関係があいまいである。

b. 執筆者には新羅によって滅んだ百済からの帰化人が多数参加して
いる。

C.　上記両書の史料が漢字で書かれたものである。

　以上のことからもわかるように、古代日本の王権の思想は統一新
羅との関係で、自己優越性と排他的差別性をもって構想されている。
①

2．神道理論と明治維新

a. 神道理論

　鎌倉後期以降になると、『日本書紀』は史料としてではなく、神道理論の神典とみなされていた。神道理論が神の国の理論として成立するのはこの時期で、神儒仏諸思想の融合によるものである。②

b. 国家神道の成立

　1868年に明治維新が成立すると、神道を国教化し、「廃仏毀釈」を行い、すべての宗教を神道のもとに従属させた。これにより日本国民は皇民とされ、天皇の統制下におかれた。③

3．韓民族の皇民化

　日清・日露戦争後、日本帝国は韓国を植民地として併合し、青少年に皇民化教育を実施し、太平洋戦争に動員した。今回の戦没者は主に戦争末期に、太平洋沿岸で犠牲になった青年たちである。

（二）いま、なぜ精神的和解か

　いま、韓日間で争われている過去史問題をこのまま放置すれば、両民族と国家の未来の根が掘り起こされかねない状況にある。一方、客観的国際情勢は両民族間の精神的和解と共同を求めている。その理由は次の三つに要約できる。

1．中国の世界戦略

　現中国にとっての基本課題は、14億国民の生活問題にある。中国はこの課題を解決するために、ユーラシア大陸に対する「一帯一路」開発構想のもと、軍備を拡張しつつ海洋膨張戦略をとっている。

この構想による開発が進展すると、ユーラシア大陸における大陸と海洋の自然破壊と、特に南・東シナ海と東海＝日本海の自然破壊のみならず、軍事的独占をもたらし、韓日両国の命運を制することになるであろう。

2. 北朝鮮の核戦略

北朝鮮は「抗日・民族解放」という神話の上に立つ軍国的兵営国家である。目下推進中の北朝鮮の核戦略の目的は、東北アジアの米軍基地を解体し、韓半島における政治的主導権を確保するところにあると考えられる。

3. 日本の動向

最近の日本政府の動向から窺うと、中国の海洋膨張戦略と北朝鮮の核戦略に対抗する構想として、日米同盟を軸にロシアやインドとの連携を模索しているようにみえる。この構想は戦前の日本軍部の発想と似ている。

日本の軍部は、植民地時代が崩壊期に入っていることへの政治的認識を欠き、軍事力の過剰拡大戦略をとった。そして敗れた。

中長期的に見て、アメリカやその同盟国の帝国主義的覇権はすでに絶望的な衰退期に入っており、ロシアにしてもインドにしても、地政学的制約により反中国封鎖戦略に加担することはありえない。時代は独善的大陸勢力のほうへ決定的転換を始めている。

それでは日本に活路はないのか。そうではない。足元を固めることが活路を生み出すであろう。ここに太平洋戦争の教訓がある。つまり韓民族との精神的和解が先である。同じことは韓民族側にもい

える。ここにリムランド（大陸周辺部）の文明的、地政学的未来が
ある。

（三）日韓和解の精神的規範

　日韓両民族の和解の国際法的規範は存在しない。国連憲章には旧
植民地と宗主国間の精神的和解の条項は存在しない。ところが、
1955 年のバンドン精神はそれを具現化しようとしている。

1. 田中二論

　戦後日本を代表するギリシア哲学者に田中美智太郎がいる。彼は
1963 年に「現代歴史主義の批判」④を発表している。彼は近代の
西洋文明の根底にある、ユダヤ・キリスト教的「世界創造」の神話
や「進化論」、その延長上の「歴史発展法則」への信仰に厳しい批
判を加え、自然の独立性と自然と神の一体性を主張した。

　次に彼は、「善のイデア」論、つまり古代ギリシアのソクラテス
を例にとって、「よく生きる」ことを主張している。

2. 日韓両国間の過去史問題は重荷である。

　日韓間の過去史問題は、日本外交のみならず、日本国の安全保障
の幅を大きく制限している。しかし、日韓間の過去史問題は韓民族
にとってこそより重荷となって現在を圧迫している。

　北朝鮮の核開発による東北アジアの平和への脅威や韓国国論の分
裂と停滞、これらのことは韓半島の分断がもたらしたものである。
分断の直接的原因は、米ソ両軍による韓半島占領とそれにともなう
親米、親ソの二つの国家の成立にある。

それではなぜ米ソ両軍が韓半島を軍事占領したのか。その理由は1945年に入って、日本の大本営がいわゆる「決号作戦」として韓半島の南北に23万の兵力を対米、対ソ作戦として配置したことに由来する。

　韓民族にとって過去史は現在形として続いている。日本国民にはこのことに対する認識が欠けているように思える。今回発表された戦没者たちは、皇軍として戦場で倒れ、しかも帰る祖国と故郷も失ったことで、韓民族の過去史と現在を象徴している。

3. 文化的創造力

　ニーチェは重荷である過去史から未来を引き離すのは関係民族の文化的造形力にかかっていることを強調している⑤。ニーチェは造形力を、「傷をいやし、失われたものの償いをし、壊れた形を自分から造り補ってゆく力」だと定義している。

　文化を宗教・学問・芸術・言論だとすれば、韓日両民族には類似した文化的遺産を保持している。これは共存の基礎となりうる。さらにニーチェは文化的造形力には「時点」性が重要であることを説いている。「時点」性とは、契機性のことであり、過去史の呪縛から新しい未来を解き放すためには、必ず通らなければならない関門であり条件をなすものである。

　日韓両民族は、今回の戦没者史料を契機として正面から直視し、文化的造形力を掘り起こし、歴史的事実とその因果関係を明らかにしながら精神的和解を実現し、新しい協同の時代を築かなければならない。これが両民族と国家にとっての基本課題だと考える。

参考文献

①山尾幸久『古代の日朝関係』塙書房、1989 年。

②上横手雅敬「日本の歴史思想」『講座哲学大系第四巻』人文書院、昭和 38 年。

③藤谷俊雄『神道信仰と民衆・天皇制』法律文化社、1980 年。

④田中美智太郎『講座哲学大系第四巻』。

⑤ニーチェ「生に対する歴史の利害について」『筑摩世界文学大系 44』昭和 47 年。

3. 韓半島出身戦没者を訪う儀礼に参加して (講演原稿)

2018.5.19　於南溟寺

　まず、意義ある本日の儀礼に際し、この場を借り、私の所見をお話する機会に恵まれたことをとても光栄に思っております。

　私は戦後 72 年になろうとしているにもかかわらず、太平洋戦争で倒れた韓半島出身戦没者が放置されている背景として、一つに現代の国連秩序と、それに基づく日本の対韓戦後処理についてお話したいと思います。次に現代文明と現代日本仏教の思想についてふれたいと思います。

（一）戦後の世界

1. 国連とその政治思想

a. 第二次世界大戦の性格と国連秩序

　太平洋戦争は 1945 年 8 月に終結しましたが、そのもっとも大きなきっかけは米軍による広島、長崎への原爆の投下とそれに続くソ連軍の参戦にありました。

　1945 年 10 月 31 日、韓国に上陸した米軍は、「朝鮮の人々は、連

合国国民でも、敵国つまり敗戦国の国民でもなく、政治的に変化の
ない国民である。それゆえ、これからは米軍の軍政下におく」との
宣言を発表しました。

　この宣言は、よく言われているような、あまり国際政治にあかる
くない軍人の独断によるというものではありません。むしろ彼らが
いかに国連憲章に忠実だったかを示す証左だと思います。

　というのも、国連憲章第12章「国際信託統治制度」第77条には、
これまで敗戦国の支配下の旧植民地は国際信託統治の対象領域であ
ると定められているからであります。

　このことは、第二次大戦が、憲章前文に書かれているような、人
類にとって基本的人権や正義のための戦いではなく、帝国主義列強
間における植民地争奪戦であったことを証明するものであります。

b. 国連憲章の政治思想的根拠

　それでは国連憲章を作成した英米両国の政治家たちの思想はどの
ようなものでしょうか。そこには二つの思想の流れがあると思いま
す。

①文化人類学の影響

　19世紀西欧社会は進歩の頂点に立っていました。これを反映し
て19世紀半ばに成立した文化人類学とマルクス主義は、ダーウィ
ンの進化論を受けて、人類は単純から複雑へ、低次から高次へ、不
完全から完全へと普遍的に発展するという仮説の上に成立していま
す。この進化社会論はアメリカの文化人類学とプラグマティズムに
継承されています。

②パースのプラグマティズム

　1930年代のアメリカでは、パース（Charles Sanders Peirce1839 - 1914）の哲学全集全6巻が発刊されています。以来彼の哲学はプラグマティズムといわれ、現代アメリカニズムに政治哲学的根拠を与えています。彼の哲学は、自然科学における「真理」が実験室の中で証明されるのと同じように、人間の構想が「真理」であるかどうかは、一切の倫理道徳を排して、いかなる手段を使ったにせよ、成功するかどうかにかかっているという学説です。

　文化人類学とプラグマティズムの影響下に、大学教育を受けた職業的政治家や官僚たちと科学者たちは同盟を結び、原爆を製造、使用し、戦後の国連秩序のもとにアメリカの覇権を築いたのです（参考文献『解説・条約集』三省堂）。

2．日本の韓国にたいする戦後処理の政治思想的根拠

　同じ敗戦国にしても、西ドイツと日本の戦後処理には異なる政治思想的根拠があります。

a．ドイツの戦後処理

　アデナウアー首相を中心とする西ドイツの政治家たちは、国内の悲惨な破壊状況にも係わらず、ドイツ民族の再生のために近隣諸国のドイツ民族に対する脅威意識を払拭しようとしてたえず神経を使い、近隣諸国との和解を追求し、その土台の上で、近隣諸国との政治的、経済的、軍事的協同体制を目指して努力してきました。

これにたいして吉田茂首相を中心とする日本の政治エリートたち
は、日本国内に、日本国が制御不能な米軍基地を提供するという条
件のもとに、日本国の独立と国防をアメリカに依存してきました。

b. 日本国の韓国にたいする戦後処理と大嶽秀夫氏の認識

日本の韓国にたいする戦後処理には、二つの特徴があります。そ
の一つは日本の韓半島に対する植民地支配が「朝鮮の経済的発展に
寄与するなど恩恵を与えた面もある」との発言にあります。これは
1953 年 10 月の韓日会談日本首席代表「久保田」の発言であります。
この線上で吉田茂首相は、当時の駐日アメリカ大使マーフィが用意
した李承晩との会談を拒否しています。

このような考え方は、韓国が日本民族の安全保障上の決定的なカ
ギを握っているという、地政学的認識を欠いています。

このことについて、日本の著名な国際政治学者大嶽秀夫氏は
1992 年に『二つの戦後・ドイツと日本』の中で、吉田による日本
の従属的対米依存と韓国に対する和解の拒否が、日本にとって負の
遺産になっていると指摘しています。

c. 吉田茂の「韓国客体観」

吉田茂や久保田発言のもう一つの特徴は、韓国が自決能力を欠い
た民族であり、戦前の植民地支配も、戦後の国連憲章第 12 章のな
かで「信託統治」対象国に指定されたことも、当然だとの認識にあ
ります。

韓民族が自決能力を欠いた民族という蔑視的認識は、戦前の日本
の皇国史観を反映した「韓国客体観」であり、日本帝国の武力侵略

を正当化する侵略者の論理であります。大嶽氏は吉田が戦後において
も、朝鮮戦争の特需として35億ドルを獲得しながら、韓国やア
ジアに対しては常に蔑視し、日本国民を愛国心の欠いた、ただ利益
のみを追求する国民として育成してきた、と指摘しております。
（参考文献2.『二つの戦後・ドイツと日本』NHK日本放送出版協会）

（二）混迷する現代

1. 二つの現代論

a. アレントの現代論

　20世紀のすぐれた政治哲学者であるハンナ・アレント（1906-75）
は1958年に「人間の条件」を世に出しています。アレントによれ
ば近現代の時代区分について、近代は17世紀に始まり、20世紀の
初頭に終わっており、現代は20世紀の中盤から始まったとしてい
ます。

　その区分けは20世紀前半における「原子爆発」に求めておりま
す。その根拠は、西洋の近代がキリスト教の神を世俗の政治から追
放したのにたいし、現代は、地球自然を、「原子爆発」によって破
壊したことに求めています。現代は、神を追放し、人間が神の座っ
ていたところにとって代わった時代だとみています。この時代区分
の尺度は、母なる地球の自然万物が、「人間の基本条件」だとの認
識によるものです。（参考文献3.『人間の条件』ハンナ・アレント、ちく
ま学芸文庫）

b. 文在寅大統領の「新たな時代」論

今月9日（2018.5.）に東京では、北朝鮮とアメリカとの首脳会談を前にして、韓日中の3カ国サミット会議がもたれました。その際文大統領は、これから「韓日中」三者の同伴により「新たな時代」が開かれるとコメントしております。

　その根拠は、文大統領の「鉄道網」構想からうかがうことができます。文大統領によれば、韓国を起点とする鉄道が北朝鮮を貫通し、さらに中国の東北部とロシアのハサン地域へ延びるというものです。ハサン地域はウラジオストックと北朝鮮の間の地域で、目下東洋一の新しい港の建設が準備されています。このハサン地域は中国の「一帯一路」戦略の北方コースの起点となるところです。

　中国共産党は昨年10月の第19回大会で、2050年までに、「世界一流国家」をめざすことを決定していますが、その眼目は、ユーラシア大陸の開発構想である「一帯一路」戦略にあると思われます。

　文大統領の「新たな時代」論はこのことを想定したものであり、またその歴史区分の尺度も、経済的「繁栄」という仮説的グローバリズムによるものといえます。

2. 東北アジアの地球環境の危機

a. 第1回東北アジア学術会議における二つの指摘

　1990年に私たちの研究所は第1回東北アジア問題学術会議を大阪でひらきました。その第3分科会では東北アジアの大気、土壌、海洋における環境汚染についての研究発表を行いました。

　その内容は、1993年に『自然環境』として出版されております。私はその中の二つのことをご報告したいと思います。

①琵琶湖研究所吉良竜夫所長の指摘

　吉良竜夫先生は、「中国の環境問題の現状と背景について」という論文を発表しています。吉良先生はながらく中国政府の招きにより、中国の環境問題について助言をなされていましたが、論文で次のように述べておられます。

　中国の開発は「土地の自然環境に適応しているというよりは、どこにでもできる人工システムの性格をより強くもっているように思われる。……中国流の開発は自然への理解と評価の不足が大きな欠点であった。……いまの現代化・文明化の時代にも、基本的に変わっていない……黄河の三門峡ダムのような失敗例にもことかかない」と。さらに長江の三峡ダムや洞庭湖の開発の失敗の例は、全国いたるところにあると述べております。洞庭湖では当時すでに魚介類が死滅しているとのことでした（『自然環境』p67）。

②末石冨太郎の「三大内海閉鎖海域」論

　末石冨太郎先生は当時大阪大学工学部教授でありましたが、先生は東北アジアの三大内海であるオホーツク海、日本海（東海）、黄海は共につながっているが、日本海もなかほどの海流が表面だけ入れ替わり、全体として閉鎖海域であるとの「三大内海閉鎖海域」論を発表し、注目されました。

　次に末石先生は、これら三大内海は東北アジア大陸の環境汚染物質の受け皿になっていると述べております。

b. 中国とロシアの地球開発思想

　ロシアでは、乱開発によりアラル海は消滅状態にあり、中国も乱

開発で中国大陸に砂漠化を拡散させており、その沿岸においては固有の魚介類を死滅させています。

　この両国は近代マルキシズムの洗礼を受けており、地球自然は人間の征服対象であるという思想から脱皮できないでおります（参考文献4『自然環境』晩聲社）。

（三）真宗大谷派の思想

1.「無量寿経」にみる「衆生」思想

　南溟寺では今年に入って、「意訳・無量寿経」の勉強会が始まっています。

　私はこれまで、「衆生」といえば欲望の中にとじ込められている人間をさしていると思っていましたが、「無量寿経」に見る「衆生」とは地球上のすべての命あるものをさしていることがわかりました。そうだとすれば、地球上の万物の母である、地球そのものと自然も、「衆生」の家族として「衆生」の中に含まれると思います。

　それはちょうど、卵に例えれば、地球自然が「卵」の白身にあたり、地上の命ある万物は黄身にあたるのではないかと思います。このような価値観のもとに真宗大谷派の「共生」の思想は生まれていると思います。人間社会の共存という思想も、「共生」思想が前提になっていることがわかります（参考文献5『意訳・無量寿経』戸次公正）。

2. 死者を「訪」うことの意味

a. 現代日本の国際政治の枠組み

岡部達味はその著書『国際政治の分析枠組』（東京大学出版会）の中で、日本の現代国際政治の基本枠組みは、近隣諸国との近現代史の見直しにあると述べております。ここが西洋史と異なるところです。東洋の近現代史は主に日本の侵略史とその結果がもたらしたものであるからです。

b. 和解の三つの条件

アレントは現実の政治問題を解決する手段として言論の果たす役割を重視しています。その場合のアレントの主張は、仮説を土台にするのではなく、人間が歩んできながら獲得した経験、すなわち歴史を土台とすることを求めております。

日韓両国民が和解するには、原因者である日本が列強の侵略を正当化する「慣習法」の立場を捨て、代わりに次の三つの要件をクリアしなければならないと思います。

一つには、19 世紀末から半世紀にわたる日本の韓半島への膨張主義の検証。次に第二次大戦を終結するにあたって日本が実施した韓半島への終戦戦略・「決号作戦」の検証。最後に 21 世紀の国際情勢に対応した日韓両国民の国際的協同への国民間の合意。

これが日韓間の恒久的平和と共同への三つの検証的要件になると私は考えております。

c. 犠牲者の参政

今回、2 万 2 千基の疑似皇軍としての戦没奴隷兵の名簿集を発刊（2017 年）するにあたって、当研究所では 2016 年に『日韓の歴史認

識と和解』（新幹社）を発刊しています。この書物は 2015 年に東本願寺大阪難波別院において 8 回にわたって発表されたものをまとめたものです。その中で、今日の会場になっている南溟寺の住職戸次公正先生は死者を「訪（とぶら）」うという題の論文を発表されております。死者を訪ね対話するとのことです。

だとすれば、2 万 2 千基を「訪」うということは、これらの戦没者を日韓間の近現代史に参政させるということです。日本民族の韓民族に対する政治文化的抹殺政策に対する、見直しの政治倫理的課題であると思います。

結びに

日本の戦後処理には二通りありました。一つは戦勝国との関係であり、もう一つは植民地支配してきた韓民族との関係でした。

日本の戦後処理は二つとも失敗でした。失敗というのは、戦勝国アメリカとの戦後処理にしても、また韓民族との戦後処理にしても、みずからの反省の上に立っての戦後処理ではなく、両者ともプラグマティックなその場しのぎの処理でした。そのつけが今重く日本民族の運命にのしかかってきています。

私は日本民族が、韓民族と共に、目前に迫っている人類の危機に際し、両民族の民族的資質を再構築し、共存の共同圏をめざさなければならないと思っております。

注：（三）の 2-b. 和解の三つの条件の後半部分を手直し、本稿の「結びに」を加筆いたしております。

第2部

日韓両国の地政学的課題

（公財）日本国防協会での講演（2013.7.30）

＜はじめに＞

　ただ今、ご紹介いただきました金と申します。まず今日の講演の場をご用意くださいました、日本国防協会のみな様にお礼申しあげます。

　さて、大陸と海洋の間に位置する国々を、地政学の用語ではリムランドといいます。近年、中国とその周辺部に位置する日韓両国やアセアン諸国との間には海洋における領土紛争が起き、これが外交の段階からいよいよ激しい軍事的段階へと拡大しようとしております。

　私が属しております「東北アジア問題研究所」では今から23年前、冷戦崩壊前夜の1990年に「第1回東北アジア学術会議」を大阪で4日間開催いたしました。この内容は1991年から93年にかけて3巻の本にまとめられましたが、これらの書物はいずれも日本

図書館協会の選定図書に選ばれております。その中で1993年に出版された『自然環境』の巻頭言には「中国と周辺国間における大陸棚紛争を予防するための国際的学術会議」を常設化するよう提言しております。しかし、不幸にして事態は、当研究所が憂慮したごとく紛争の時代に入ってきました。

このような東アジアにおける今日の国際関係は、中国の地政学的戦略に起因しています。冷戦後東アジアでは中国がソ連に代わる大陸権力となり、東アジアに新しい海洋覇権をうち立てようとしています。

そのような中国に対しアメリカは、経済は関与、政治軍事面では封じ込めの両面作戦を取っています。一方中国は、経済は市場経済、政治軍事面ではアメリカの封じ込め策を打ち破るために鋭く対峙しています。

私は本日アメリカの三段階からなる対中戦略と、これをはね返しながら中国に接する海洋を独占しようとする中国の三段階海洋戦略について検討を加え、最後に日韓の地政学的関係と動向を取り上げ、日韓両国がどのような文明的スタンスを取るべきかについて私の所見を述べさせていただきます。

ものの見方ですが、同じ対象を見るにしても見る人の視角、そして関心の持ち方によっては、異なる結論が出るのは当然であります。しかし、私がいかに個人とはいえ、今という世界を背景にして見ているということでは、私の見解も一つの社会的見解であるという宿命から逃れることはできません。このことをご理解いただければ幸

いです。

（一）アメリカ

　それではアメリカの対中戦略についてお話いたします。

　アメリカは中国とは異なって国家の外交戦略を策定するにあたっ
て、まず諸々の情報を集め、それを分析したのち政策をねり、議会
の承認を得て実行にうつしています。

　そこで私たちがアメリカの政策を理解しようとすれば、その政策
策定に深くかかわっている理論家の公開された理論を検討すること
を通して、アメリカという国家の戦略とその根拠がなんであるかを
理解することができると思っております。

　ブレジンスキーのユーラシア中心論─中国の＜平和的台頭＞

　私は先ほどアメリカの対中戦略を三段階に分けることができると
申しました。

　その第一段階は 1990 年代の前半にあたります。この時期のアメ
リカを代表する戦略理論家に、一般にはブレジンスキーと呼ばれる
学者がいます。彼の著書、『世界はこう動く』（山岡洋一訳、日本経済
新聞社、1989 年）によればこれからの世界の中心は、ユーラシア大
陸が担うと見ています。このユーラシア大陸に対してアメリカは三
つの方針を立てています。

　その一つは、NATO を中心とした EU を東の方へ拡大すること、
もう一つは、東アジアの中国を経済、政治、安全保障の面で大国化
し東アジアの中心にすえること、すなわちこれを中国の「平和的台

頭」といいます。三つ目にはアメリカがこの東西両政治圏を指導することとなっています。

　それではロシアはどうするのかについては、ロシアを帝国にしないために、拡大ヨーロッパに併合する、ヨーロッパロシア、中央アジアに隣接する中央ロシア、そしてやがて中国の支配下にはいる極東ロシアに三分割する方針を立てています。

　日本はどうなるのかについては、ここではアメリカの日本に対する基本方針だけを紹介いたします。

　日本にはアメリカの同伴者としてアメリカの世界戦略を補完する世界大国を目指してもらうという方針を立てています。その理由は、日本が東アジアに政治的影響力を持ち合わせていないとみなされているからであります。

　さて、ここに出てくるブレジンスキーは単なる学者にとどまりません。アメリカ第39代大統領カーターの安全保障担当の補佐官をつとめましたし、1989年から93年までは、共和党のブッシュ大統領のもとで外交のブレーンを務めています。実際ブレジンスキー氏が述べていることが冷戦後のアメリカの世界戦略と符合していることは、その後の推移によってうかがうことができます。

　アメリカによる対中国戦略の第二段階は、1990年代の後半に訪れます。

　中国とアメリカはすでに1979年に国交を樹立しております。この時期を前後して中国は、鄧小平のもとでいわゆる改革開放政策、いわば市場経済体制に移行します。中国は日本やアメリカの資本と

技術移転をうけ、すさまじいまでの工業化時代に突入します。

　ところが、このような中国の改革開放政策は中国社会に民主化の要求をも呼び起こしました。1989年6月4日と5日にかけて天安門事件がおきます。約1000人の犠牲者と、全国的には約2000人の青年学生が拘束、または追放されたといわれています。この事件は世界に大きなショックを与えました。

＜コンゲージメント＞

　この時期からアメリカはブレジンスキーの主張する中国の「平和的台頭」論に疑いを持ちはじめます。それでもアメリカは、中国の改革開放政策が無政府状態をもたらしてはいけないと、中国の動きを牽制しながらも中国に対する支援の方針は変えませんでした。

　ところが1996年、中国は台湾の総統選挙に干渉し、二回にわたる武力攻撃を行いました。台湾海峡を封鎖し、台湾海峡において模擬弾道ミサイル攻撃を行いました。

　ここにきてアメリカは中国に対して両面戦略をとるようになります。経済は交流するが、安全保障つまり軍事面では中国に対する封じ込め作戦を復活します。

　この戦略をアーロン・フリードバーグはその著、『支配の競争』（佐橋亮訳、日本評論社、2013年7月）の中で、「コンゲージメント（Congagement）」といっています。フリードバーグ氏はジョージ・W・ブッシュ政権（2001〜2009年）において、チェイニー副大統領の国家安全保障担当副補佐官をつとめたアメリカの著名な学者であります。彼によれば、このコンゲージメント戦略は次のオバマ政権

においても引き継がれていると述べております。

＜オフショア・バランシング Offshore Balancing ＞

　アメリカは 1996 年の台湾海峡におけるミサイル危機の翌年から、中国の軍事力に対する調査を始めます。これを「4 年ごとの国防計画の見直し（QDR）」といっています。2001 年の二回目の QDR では、米軍の中国領土への接近がもはや不可能になっていることを報告しています。

　中国軍は陸海空の領域から巡航ミサイルをはじめ本格的な軍備増強を行っていたのです。しかし、当時のブッシュ政権は、2001 年 9 月 11 日の同時多発テロ事件後、中近東での泥沼の軍事作戦に足を取られ、中国に対する効果的な軍事戦略を講じることができませんでした。ブッシュ政権はその終盤になって、対中戦略としてオフショア・バランシング戦略をとりはじめます。

　この戦略はアメリカの空海軍の主力をハワイ、アラスカ、グアム周辺に結集し、アメリカの沿岸から中国の周辺に対して反撃を行うという作戦をさす言葉です。この戦略はオバマ政権になっても引きつがれています。これはいわば、新しい「前方展開戦力」ともいいえます。

　これがアメリカの中国に対する第三段階戦略であります。

　一方中国は、リーマン・ショック以来、アメリカの対中戦略に対して公然と反撃に出はじめます。そのもっとも象徴的な出来事は2010 年 7 月に行われた ASEAN 地域フォーラムの席上で起きました。オバマ政権のクリントン国務長官はこの会議で当時紛争が激化して

いた南シナ海における中国とASEAN諸国との紛争が国連海洋条約に依拠して共同作業のもとに解決し、この地域における航行の自由を保障しなければならないとの提案を行いました（春原剛訳『オバマと中国』東京大学出版会、2013.5、p192）。

　これに対し、中国の楊潔篪（ヤンチェチ）外相は、南シナ海には紛争問題は存在しないと断言しながら、クリントン国務長官に対して部外者と決めつけ、ASEAN諸国にはアメリカに同調しないよう警告を行います。そればかりか中国は、同年9月には漁船団を日本の尖閣諸島へ派遣して紛争をひき起こします。周知のように最近は、中国は毎日のように尖閣諸島への軍事行動を繰り返すようになっています。

アメリカの次の戦略

　それではアメリカの次の戦略はなんでしょうか。

　このことについてアメリカの著名な戦略研究家であり、早くからのオフショア・バランシング戦略の提唱者でもあるクリストファー・レイン氏は彼の著書、『幻想の平和』（奥山真司訳、五月書房、2011年8月）の中で次のようにいっています。

　アメリカは国内の経済事情により、これ以上東アジアに介入することは難しいだろう。次の2030年にはアメリカは東アジアから去るであろうと予測しています。そして日本の問題は日本自身が考えなければならないといっています。

　以上がアメリカでいわれているアメリカの対中国戦略のあらましです。

アメリカの戦略思想

　それでは、アメリカの世界戦略とその延長線上にある対東アジア戦略を根拠づけているアメリカの戦略思想とは一体なにかについて考えてみたいと思います。

　アメリカとはいったいどのような国でしょうか。このことについてブレジンスキーは『世界はこう動く』の中で、アメリカは民主主義という理想主義と経済発展という利己主義の組み合わせの国だといっています。

　これに対してフリードバーグ氏は、その著書『支配への競争』の中で、アメリカは決して現実主義だけの国ではなくて、イデオロギーの国家だ。「自由と民主主義」の国であり、これが他国を味方か敵かに判別する基準だと明言しています。

　ブレジンスキーは二元論を取っており、フリードバーグ氏は「自由と民主主義」をアメリカの精神だと主張しています。

　私はその両者とも人を煙に巻いていると思います。そのことはアメリカがとっている冷戦後の世界戦略をふり返ってみれば一目瞭然です。

　アメリカは冷戦後まず、その超越した軍事力でユーラシア大陸をおさえ、その次に国連に代わる様々な経済組織に世界を組み替え、その経済組織をアメリカが主導しようとしています。そのためには世界の各国家からその国境線を取り払い、人々を自由の状態におかなければなりません。つまりアメリカの国家理念である競争主義による利己的な経済発展、実質的には一握り（『産経新聞』2013.9.22 朝

刊）のアメリカ人の利益のためには、全世界の人々を自由な羊の群れにすることが前提条件になります。自由や民主主義は手段であり、経済的利益は目的の位置にあります。

　アメリカはコロンブスの新大陸発見以来、たえず膨張し続けてきました。やがて太平洋に達します。モンロー主義の時代をへて 19 世紀末以後の戦略手段がアルフレッド・マハンの提唱した海洋権力論であります。これが大航海時代以来のアメリカニズム、つまりピューリタニズムにほかなりません。アメリカは冷戦崩壊後、閉鎖世界となってしまった地球と人類をアメリカ式民主主義、経済発展という枠組みの中に再編成しようとしているのです。しかし、この戦略思想はその終焉の時を迎えようとしています。それをもたらしつつあるのがアメリカの世界への「帝国的な過剰拡大」（クリストファー・レイン）による国力の衰退と、大中華帝国の武力的登場にあります。

（二）中国の覇権

（1）中国の海洋戦略

＜中国経済の三段階＞

　『支配の競争』によれば、中国の戦略家たちは、中国の経済的発展段階を三つに分けています。

　　　第一段階—1981 ～ 2000 年

　　　第二段階—2001 ～ 2010 年

　　　第三段階—2010 ～ 2050 年に。

ここでもっとも死活的時期として 2000 年から 20 年をあげています。

　私は中国の国力の推移と海洋戦略の動向から、中国の海洋戦略そのものも三つの段階に分けられると思っています。

　　第一段階―1980 〜 2010 年

　　第二段階―2011 〜 2020 年

　　第三段階―2021 〜 2050 年

＜中国海洋戦略の第一段階＞

　この段階の戦略的課題は三つに分けられると思います。

　一つには、中国の海南島に対米核戦略海軍基地を作ること。二つには、南シナ海を支配下におくこと。三つ目には、中国近海と第二列島線内の海洋調査をおえることにあるとみています。

　第一課題については、中国海南島に弾道ミサイル原潜の聖域として大規模な海軍基地を建設しています。

　第二課題については、南シナ海の 80 ％にあたる海洋に「九段線」という U 字型の国境線を宣言して、ここを外国の船舶は中国の許可なく通過できないと宣言しています（防衛年鑑 2012 年版）。

　最後の課題である第二列島線内における海洋調査はすでに終了していると思われます。

　この時期中国政府は韓国済州道の「離於（イオ）島」に対しても領有権を主張し、2001 年と 2006 年に韓国政府と協議を重ねています。

済州道の「離於島」は中国から遠く離れているばかりでなく、韓国政府は1952年にすでに「官報」をもって領有権を宣言しているところであります。もちろん韓中両国間の話し合いは終わったことにはなりません。なぜならこれまでの「国際海洋法裁判所」の判例からしても、また歴史的にも、「離於島」が韓国領であることはそれこそ「疑問の余地」のないことであります。

＜中国海洋戦略の第二段階＞
　この段階での中国の戦略的課題は大きく分けて二つあると思います。
　その一つは東シナ海を海洋領土として掌握すること。今一つは第二列島線の支配にあると思います。前者は2010年9月から始まる日本の尖閣諸島紛争であり、後者は今年の7月上旬から中旬にかけて行われた中・ロ海軍の日本海・東海での大がかりな軍事演習にあると思っています。
　私は日本の尖閣問題については、日本の皆さんが誰よりもよくご存じであると思いますので、ここでは省きます。
　二つ目の日本海での出来事のことですが、今年の7月上旬から中旬にかけて、中国のミサイル駆逐艦とフリゲート艦7隻と航空機やヘリコプター10機、ロシアの太平洋艦隊旗艦のミサイル巡洋艦や大型対潜哨戒艇2隻など計7隻が参加した大規模な軍事演習が日本海で行われました。
　この演習に参加した艦隊の21隻が7月13日から14日にかけて、

北海道の宗谷海峡を通過し、このうち中国艦隊は第二列島線を南下して海上補給を受けながら日本列島を一周しています（『産経新聞』7月26日、朝刊3面）。

　これら中国海軍の動きは、アメリカ海軍を第二列島線の外へ排除するのと、日本海・東海の支配に的を絞った戦略的軍事活動の幕開けを意味しているように見受けられます。

　＜第三段階＞でありますが、これはまだ始まっておらず、中国にしても具体的戦略がまだ定まっていないと思われます。ただいえることは、中国海洋戦略の第一、第二段階の動向からして、この第三段階の戦略的目標がどこにあるのかについては、およその予測がつきますので後ほど触れたいと思います。

　(2) 中華思想

　a.「辺疆」思想

　中国は今から3500年以前から、中国の山西省と陝西省、それに河南省が交わる黄河の屈曲地域で中国の統一運動が起きています。商は青銅器や甲骨文字など優れた文化をもった民族でありましたが、中国大陸には4000あまりの異民族や部族が、お互いを敵として闘いあっていました。商、それに続く周は、自民族または自国家を世界の中心ととらえ、周囲を征服すべき対象と考え、東方の山東省や韓半島や日本を東夷と呼び、北方諸民族を北狄、揚子江以南を南蛮、西域地域を西戎と呼んでいました。

　この東夷、北狄、南蛮、西戎の地域を「辺疆」と呼んだのです。

中国には上古代から国境の概念がなく、あるのは「辺疆」意識があるだけだと、論理的に説明している書物が日本で近年出版されました。それが平松茂雄先生によって草思社から出版された、『中国はいかに国境を書き換えてきたか』（2011 年 4 月）という書物であります。

  b. 現代の「辺疆」
  それでは現代中国にとって「辺疆」とはどこをさしているのでしょうか。
  ＊蒋介石の「辺疆」──蒋介石は日本が敗北した戦後の東アジアに、日本の唱えた「大東亜共栄圏」に代わる、「大中華共栄圏」をつくろうと決意しました。蒋介石は 1947 年に 50 万の精兵を旧満洲へ送り出しながら、南方においては今の ASEAN との間に、南シナ海に「11 段線」の国境線を自国の地図帳に書き込みました。
  ＊毛沢東の「辺疆」──毛沢東は 1935 年以降、延安地方で抗日戦争を指揮していました。当時アメリカのジャーナリスト、エドガー・スノーとの対話で、毛沢東が解放すべき領土は旧清帝国の版図だと明言しています。さらに彼は、東アジア全体の革命を指令する「東方情報局」を 1950 年ごろに計画しています。毛沢東にとっての中国の辺疆には帝政ロシアとスターリンに取られた「極東連邦管区」が加わると思います。
  現代の中国にとっての「辺疆」とは、旧大清帝国の版図に、南シナ海の「11 段線」、これは 1953 年に中国が自国の地図帳に「9 段

線」として書き換えたＵ字型国境線と、極東シベリアを含んだ領域をさしていると思います。

　ブレジンスキーのロシア三分策はこれを勘案しての戦略だと思います。昨年当研究所が発刊した、『東アジアの新時代に向けて』（新幹社）は極東シベリアを中国に返すと約束した、1919年のレーニン政府のカラハン声明について述べております。

　現代中国の「辺疆」思想とはまさにこのような「大中華共栄圏」構想にほかなりません。これを歴史家たちは「尚古主義」と呼んでいます。

　現代アメリカの中国に関する戦略家たちは、中国はいったいなにを目指しているのか、一切説明がないと一様に苦言を呈していますが、中国にしてみればあからさまに、軽々しく世界に向かって宣言できることではありません。

（3）「大中華共栄圏」構想は幻想である。

　a．前時代性

　中国の覇権構想は、前面にアメリカ、後面にソ連という二大覇権と、側面にいつ復活するか知れない日本への脅威の中で構想された毛沢東の前時代性を反映するものです。

　b．急激な工業化の負の遺産──空気と水と穀物

　中国は改革開放政策により、欧米が50年かかって達成したGNPの倍増をたった10年で達成しました。その間中国の40％にあたる

モンスーン地帯は荒廃し、汚染され、農業も工業も 2050 年までにはとても維持できなくなってきています。農業もそうですが、工業も工業用水なくして維持できません。

　中国はまず、大気と飲料水と穀物の欠如の問題に直面することでありましょう。

　c．知的災難

　中国には年間数千人の留学生がアメリカで博士の学位を取得しているといわれています。国内でも中高校生たちの学力はすでにずっと前から世界のトップを維持しています（OECD 学習到達度調査、『産経新聞』2010.12.8）。

　しかし最近の中国当局の知識人弾圧の様子をうかがいますと、これら中国知識人の進取の気性と才能は、おそらく深く傷つき挫折してしまうことでしょう。それはかつてのソ連がいかに知識人たちの精神に深いダメージを与えたかを考えてみれば明らかなことであります。

　d．地球環境破壊

　中国に接する海洋は日に日に死滅しています。これは海洋が陸地の汚染物質の受け皿だからです。しかも海洋は大気の源でもあります。いまや中国は周辺の地球環境を破壊する第一原因者となっています。

e．隣国はすべて敵

　中国はパキスタンや北朝鮮、そしてロシアとは一時的な戦術的同盟関係にあるようにみえます。しかし、原理的には中国と国境を接するすべての国々や民族は、中国と潜在的な敵対関係におかれていると思います。その原因は領土問題にあります。1970 年代初期の中・ソ紛争の原因も領土問題でありました。今後もそうであるはずです。

f．覇権の名分の欠如

　かつて現代における覇権は核兵器というパワーを背景にもっていました。しかしソ連にしてもアメリカにしても、それだけではありませんでした。自己のパワーを正当化する普遍的な名分をもっていました。ソ連には全世界の労働者のための世界をつくるんだという共産主義思想がありました。アメリカにはすべての人間の自由と人権という普遍的価値と民主主義政治秩序という名分がありました。それでは、中国の覇権には一体どのような名分がありましょうか。

　このことが中国覇権のもっとも致命的な欠陥であります。

　帝国主義時代が去りつつある現代において、武力のみを基本とする毛沢東流の覇権主義は前時代的幻想であるような気がいたします。

（二）日韓の地政学的課題

（1）米・中の覇権戦略の特徴

a．アメリカの戦略と思想

アメリカは日本との間で「日・米安保」の同盟を維持しております。韓国との間でも同盟を結び大軍を駐留させています。さらに台湾とも軍事協力関係を維持しております。2003年ブッシュ政権はタイとフィリピンを「NATO非加盟の主要同盟国」と宣言しております。ブッシュ政権はインドネシアとも防衛協力を再確認しておりますし、ベトナムとも戦略的対話を進めております。さらにアメリカはオーストラリアとの軍事協力を強化しています。

　2003年アメリカはシンガポールとの間で防衛協力に合意し巨大な米軍の海軍基地を構築しています。西南の方ではインドとの潜在的疑似同盟関係を構築しており、西の方ではイラク、アフガニスタンに大軍を派遣しております。アメリカは北方のロシア方面を除く東、南、西の方面から中国に対する「封じ込め」を行っております。

　ブレジンスキーはもし中国が民主化するなら台湾から手を引くといっていますし、フリードバーグにいたってはアメリカは中国への民主化要求を決して放棄しないといっています（『支配の競争』p179）。

　その理由はなんでしょうか。フリードバーグは、もしこのまま東アジアにおける中国の支配を許せばアジア地域の「多大な工業、金融資本、天然資源、技術資源に対する掌握、もしくは優先的なアクセス」を中国に許すことになってしまうと（前掲書p321）。そうなれば、これはアメリカにとって死活的な利益を損ねることになるといっています。

　さらに彼は、アメリカは核兵器の「先制使用」を放棄してはならないとも主張しています（前掲書p353）。

このようなアメリカによるアジアへの関与は、私たち東アジア諸国民にとっても、たしかに「過剰な関与」と評価せざるをえません。

b. 中国の戦略と思想

中国にとって南シナ海は、1840 年代のアヘン戦争以来、ヨーロッパ列強の進入路でありました。太平洋戦争期に日本はイギリス、フランス、オランダを追い出し、この海洋を支配下におきました。戦後アメリカによって世界の 4 大大国の一つに祭り上げられた中国の首脳として蒋介石は、この地の日本軍を武装解除し南シナ海を自国の領土として併合したのでしょう。蒋介石としては日本が敗北した後に政治的空白地帯を作ってはならないとも考えました。

そこで、1947 年蒋介石は二つの手を打ちました。その一つは旧満洲の掌握のために最精鋭の 50 万の兵を満洲に派遣しました。もう一つの手として南方からエネルギー資源を入手するために南シナ海に「11 段線」国境線を自国の地図帳に書き込んでいます。それをアメリカは 1951 年に対日サンフランシスコ講和条約で黙認したのであります（佐々木隆爾『占領・復興期の日米関係』山川出版社、2008.8、p56）。

一方毛沢東は韓半島への影響力を確保するために、1950 年の韓国戦争には 300 万人の兵を派遣し、100 万の犠牲を払っています。これは極東シベリアへの領土的原状回復をも念頭に入れていた判断だったことは明らかであります。

さらに鄧小平は 1991 年に、中国の共産党幹部や軍部に対して有

名な 24 文字を指令しています（『国際軍事データ―2008 ～ 2009』朝雲新聞社 p173」）。その内容は「能力をかくして好機を待て」というものです（『支配の競争』p182）。

　今日の中国の指導者たちが、蒋介石や毛沢東、そして鄧小平の戦略思想を継承し、中国を封じ込めているアメリカを東アジアから排除しようとするのは当然でありましょう。なお中国はアメリカに軍事基地を提供しているもう一つの「辺疆」・日本を封じ込めるために、注意を怠っていないと思います。

　今年 7 月における中国海軍の日本海・東海への軍事的進出は、上記中国指導者たちの遺訓に沿うものであり中国革命思想に基づくものであると判断すべきだと思います。日本海の支配はアメリカの排除と日本の封じ込めばかりでなく、極東シベリアの接収と台湾の併合を左右する東アジアの最大の政治軍事的要衝へのアクセスを意味します（『世界はこう動く』p70）。

（2）日韓の動向

　今私は、日韓を取り巻く中・米の戦略と、その根拠である戦略的イデオロギーについてお話してまいりました。それでは日韓両国はこの事態にどう対処しようとしているのでしょうか。

　今年の 6 月下旬に韓国の朴槿恵大統領は中国の習近平国家主席の招きで中国を公式訪問し、6 月 28 日には共同声明を発表しました。

　そこでは両国の政治・安全保障、経済・貿易、社会・文化の分野での協力を共同で発展させることを決定しています。

韓国の中国に対するスタンスは、朴大統領だけでなく、それ以前にさかのぼることができます。ブッシュ政権期、韓国の金大中政権はアメリカの、「戦略ミサイル防御システム開発」への参加要請を拒否しました。これは対北韓防御意識に欠けてはいますが、反面、将来米・中両国間の衝突に巻き込まれることを懸念したからであります。金大中政権のあとの盧武鉉政権は、アメリカに対して駐韓米軍が対中国関係で使用される場合は韓国政府との事前協議を約束させています。

　これは駐韓米軍の使用を制限していることを意味します。今回の朴大統領の中国との共同声明は金大中、盧武鉉両政権の対中政策の延長線上でなされたといえます。このような韓国の対中外交に対して、アメリカの戦略アドバイザーであるエドワード・ルトワック（Edward N.Luttwak）氏は韓国知識人の伝統的事大主義思想が中国への従属的外交を許していると非難しています（奥山真司訳『自滅する中国』芙蓉書房、2013年7月、p224）。

　日本でも朴大統領の訪中に対して、倉田英也氏は今年9月24日の産経新聞の「正論」において「朴氏の韓国が乱す"対中"の隊列」の見出しで朴大統領が日韓米の対中戦略を乱していると批判しています。ルトワック氏と倉田氏に共通している点は、韓国がアメリカの中国に対する「封じ込め」戦略に協力していないという不満にあると思います。

　それでは韓国の大統領の使命は一体なんでしょうか。自民族の領土、生命、財産を守ることを第1と考えるべきでしょうか、それと

も太平洋の彼方に後退しつつ、韓国だけに犠牲を強いるアメリカの要求に従うことでありましょうか。

　韓国の金大中、盧武鉉、朴槿恵の三人の大統領は、北朝鮮や中国の理不尽さを身をもって数多く経験しております。それでも、三人の大統領はふたたび同族が相争う、悲惨な戦争は避けなければならない。同じアジアの人同士で相争う、第二の「ベトナム参戦」をくりかえしてはならないという信念のもとに外交的な判断をしているものと、私は理解しております。

　それではこのような韓国外交の新しい姿勢を、私たちはどうとらえればよいのでしょうか。

　戦後これまで、日本にしても韓国にしても、外交と安全保障はアメリカを中心にして考えてきました。私たち両国の外交と安全保障の要である米軍は、今新しいアメリカの「オフショア・バランシング」戦略により、東アジアから距離をおき始めています。韓国はこの新しい国際情勢を前にして、新しい独自的、現実的対中外交を模索し始めていると私は考えております。

　一方、日本はどうでしょうか。今年発行の日本の『防衛年鑑』（防衛メディアセンター）は、「地政学と外交・安全保障政策の考察」という特集の中で次のように述べております。

　世界におけるグローバルな、または地域の新しい秩序創出への「試みを主導し、新たな外交・安全保障政策を世界に先駆けて発信することが、新たな門出を迎えた日本の大きな課題であり、最大の国益なのである」（p128）と。

これは今日本が新たな時代、日本の独自的外交・安全保障、つまり独立の門出を迎えているという自覚を物語っていることにほかなりません。日韓両国は今、同じ時代認識を共有していると私は思っております。

（3）日韓の文明的課題

　孫子は、相手を知りまた自分を知ってはじめて、安全が保障されるとの「兵法」を論じています。アメリカのブレジンスキーは、日本人は潜在的に一級の国際政治力を持ちながら、残念ながら東アジア諸国からは敵意を向けられていると述べています（p66-7）。

　今年の『防衛年鑑』にも、どうも日本は東アジア諸国の「大戦期の記憶」（p126）から逃れられずにいると記しています。これは日本に対する東アジア諸国民の評価の基準が戦前の日本の侵略行為にあるとの認識を示しているように思えます。

　ところが 1955 年のインドネシアでもたれたバンドン会議では、ここに参加した日本国の代表高碕達之助が提唱した「平和の内に生きる」論がバンドン宣言の中核となり、「平和十原則」が全参加国に支持される基礎となりました。それは 1950 年にはじまる「韓国戦争」の時期、日本はアメリカの占領下にありました。日本は米軍の基地となったばかりでなく、日本が再軍備させられかねない状況の中で、日本国民は反核平和運動に立ち上がり、韓半島の北部と中国に投下計画されていた九つの原爆投下計画を阻止しました（『東アジアの新時代に向けて』p188 − 90、東北アジア問題研究所編 .2012 年、新

幹社)。このような日本国民が果たした世界平和への貢献と第3次大戦を阻止したことへの賞賛の気持ちから、周恩来が高碕の提案を熱烈に支持したからにほかなりません。つまり東アジア諸国民は、日本の戦前のことよりも、それに対する戦後処理のあり方に注目したはずです。

　日本と東アジア諸国民との精神的和解、それは日本がバンドン精神五原則のうちの最初の領土および主権の尊重、二つ目の相互不可侵、三つ目の内政不干渉に対し、どのような精神をもって対応しようとしているのか。その上で平等互恵、平和共存をどのように実現しようとしているのかにかかわることですが、バンドン会議に参加した代表たちもこのことにより関心があったはずです。

　その機会は2回ありました。第1回は1951年のサンフランシスコ講和会議の場でありました。ところが、この場には和解の相手である韓国は招かれませんでした。2回目の機会は、1965年の「日韓条約」の時でした。この場合にも金銭問題が主で、日韓両民族の精神的和解の問題は論議されませんでした。

　これは、二つの機会ともアメリカの主導によるものであったことに関連があります。どうもこの時からかは知りませんが、日本では国際問題というものが覇権によって動くものだという考えが一般化しているように思います。

　今東アジアの紛争になっている海洋権益に関しても、もとをただせば1951年のサンフランシスコ講和条約で、アメリカが蒋介石の書いた南シナ海の「11段線」を黙認したことに由来するものです。

そのアメリカは今の世界で超覇権国です。それではアメリカはこの問題を解決できるでありましょうか。アメリカはこの問題はアメリカの利益にならない（『世界はこう動く』p252）といって、高みの見物を決め込んでいます。

　それはアメリカという超パワーポリティクス国家といえども、この問題解決にはまったく無力だということを証明しているにほかなりません。すでに覇権の時代はしぼみつつあるというのが、今の国際政治の現実です。アフガニスタンのような砂漠国家にソ連も解体され、アメリカも今泥沼にはまり込んで身動きができないというのが実情です。

　時代はどのような国家でも、自分のことは自分で解決しなければならない時代に入ってきているということです

結びに

　さる8月13日、京都新聞は上田正昭京都大学名誉教授の、「日本と百済のえにし」という文を載せています。

　そこには古代韓半島で、当時最も文化の高かった「百済」を唐と新羅の連合軍から救うために、日本は約5万の兵士を参戦させたと書いています。百済が滅び、唐に連行された人質のうち一万ほどの人々を日本が引き取りました。

　当研究所で1989年に研究発表した『帰化』下巻には、これら1万人ほどの帰化人が、古代日本文化形成に参加し、8世紀ころには古代万葉文字を作り出しているとかいています（p72-3）。このよう

に古代の日韓は多くの人の往来によって一つの文明圏を形成してきたのであります。

　これを 20 世紀におけるもっともすぐれた歴史家であるイギリスのトインビーは、名著『歴史の研究』（『世界の名著』73、中央公論社、1996、p95）の中で、古代東アジアの三大文明圏の一つに、「極東文明・朝鮮、日本分派」と名づけています。三大文明圏とは私たちの「分派文明」のほかに、インドの「ヒンズー文明」があり、もう一つは、中国の「極東文明」を指しています。

　それでは中国の「極東文明」と私たちの「分派文明」とはどう異なるのでしょうか。中国の文明は儒教と道教の文明を指しています。中国の文明は処世術としての儒教と現実文明 を拒否する道教文明から成り立っています。

　それに対して「分派文明」は仏教を基本に置き、人間は地球あっての存在だとして地球、自然とも共生し、人間社会を慈悲と人情でつなぎながら、一つの民族社会を形成してきたのであります。

　その上に今の言葉で安全保障という韓国は「護国仏教」、日本は「鎮護仏教」の国家秩序を作ってきました。つまり、仏教という宗教思想を基盤においた社会と国家秩序を作ってきたということであります。このことを英語では Civilization・文明と言っています。

　この文明秩序の中で日韓両国民は恥というものを自覚するようになりました。この価値観は世界人類史の中でも特に、日韓両民族社会の文化的特徴であります。恥という思想は、時間的には祖先と子孫という歴史を、空間的には社会をその背景にもっています。

恥とは、人間が、国家が他人または他国によって、「見られている存在」として自覚するきわめて高いモラル意識であります。これは自然科学的技術とか「お金」だけを尊重し、すべての価値の基準におき、人間を選ばれたごくわずかな人と多くの群に分ける欧米の一神教的文明とは質的に別な次元の価値観であります。

　また現世的利益のみの中華文明とも異なっております。これは日韓両国各自が、世界でもまれなことに一つの民族として形成されてきたことを証明しています。このように一つの民族が形成される過程で生まれたのが、「体面の文化」または、「恥を知る文化」というものです。その実態は紳士のあり方と解することができます。

　日韓両民族、両国民は根本において共通の文化をもちながら、「白村江の戦い」の戦後の処理を誤って、近現代において「韓国併合」というまことに「恥」の一幕を作ってしまい、今では犬猿の仲であるかのように距離をおいてきました。

　しかし今、「窓」の外では世界の中心が東アジアに移り、またその中心が日本海・東海に移ってきています。世界の運命を左右する東アジアの新しい秩序を創出する課題が日韓の「犬猿の仲」の人びと一人ひとりの胸三寸にかかってきているということです。

　日韓両民族と国民にはこの難題を切り開いていく文化的・文明的資質がすでに形成されつつあると、私は確信しております。当面の課題である「歴史認識」なども、決して超えられない山でもないと思います。

　日韓はアジアの地政学的要衝である日本海＝東海を眼前にして

いるのですし、なにも「マラッカ海峡」の封鎖などにおびえる必要もないと思います。両民族がしっかり和解し、協力することができれば、「中国」ともよく対等に「平和共存」し、新しい東アジアを切り開いていけるものと確信しております。

注）本稿は、公益財団法人日本国防協会機関紙『安全保障』第64号（2014年3月1日）に掲載されております。

あとがきに代えて

1. 東北アジア問題研究所（1985年4月設立）

　本研究所は、1990年第1回東北アジア問題学術会議を大阪で開催した。ここで注目されたのは、元本研究所所長の末石冨太郎（大阪大学名誉教授）が発表した「三大内海閉鎖海域論」であった。それは、オホーツク海をはじめとする東北アジア三大内海が東北アジア大陸の汚染物質の受け皿となっており、同一の環境圏を構成しているとの学説である。

　第2回東北アジア問題学術会議は、故須之部量三先生（元駐韓大使）を実行委員長として、1995年に東京で持たれた。韓国から民族統一研究院／李秉龍院長をはじめとする学者たちが参加し、中国からは国防大学徐焰将軍が論文参加し、朱建永先生が代理を務めた。日本側でも多数の学者が論文をもって参加しており、日本外務省と法務省の幹部が多数参加した。この会議は戦後初めて、東北アジア三カ国の学者が論文を基に政策を論じ合う契機となった。

　なお本研究所の性格は、日韓および東北アジアの復権のための思想と規範を思索するところにある。

2.【出版物】

　『在日朝鮮人に投影する日本』（法律文化社、1987年）、『「帰化」上・

下』（晩聲社、1989 年）、『朝鮮統一』（晩聲社、1991 年）、『在日朝鮮人』
（晩聲社、1993 年）、『方法論としてのヘーゲル哲学』（晩聲社、1995 年）、
『東北アジアの動向と日本外交史』（悠々社、1997 年）、『在日朝鮮人
はなぜ帰国したのか』（現代人文社、2004 年）、『東アジアの新時代に
向けて』（新幹社、2012 年）、『日韓の歴史認識と和解』（新幹社、2016 年）

3. 【研究所】

〒 664-0864

兵庫県伊丹市安堂寺町 1-34-5　代表　金定三

金 定 三（キム・ジョンサム）
法政大学経済学部経済学科卒業。
京都大学文学部哲学科にて西洋哲学を学ぶ。
野田又夫の下で西洋文明論を学ぶ。
著書『方法論としてのヘーゲル哲学』（共著、中野肇、晩聲社、1995 年）
『東アジアの新時代に向けて』（共著、小此木政夫・朱建栄・佐々木隆爾、
新幹社、2012 年 11 月）『日韓の歴史認識と和解』（共著、東北アジア問
題研究所編、新幹社、2016 年 6 月）

日韓和解をめざして

定価：本体価格 600 円＋税

2022 年 2 月 20 日　初版発行

著　者　ⓒ 金　定　三
発行者　　髙　二　三
発行所　　有限会社 新　幹　社
〒 101-0061 東京都千代田区神田三崎町 3-3-3 太陽ビル 301 号
電話：03-6256-9255　FAX：03-6256-9256

装丁：白川公康
本文制作・閏月社／印刷・製本 （株）ミツワ